BEI GRIN MACHT SICH IHR WISSEN BEZAHLT

- Wir veröffentlichen Ihre Hausarbeit,
  Bachelor- und Masterarbeit

- Ihr eigenes eBook und Buch -
  weltweit in allen wichtigen Shops

- Verdienen Sie an jedem Verkauf

**Jetzt bei www.GRIN.com hochladen
und kostenlos publizieren**

Potenzialentwicklung und Coaching. Gender- und Diversity-Kompetenz als Schlüsselqualifikation

Felix Dittrich

Bibliografische Information der Deutschen Nationalbibliothek:

Die Deutsche Nationalbibliothek verzeichnet diese Publikation in der Deutschen Nationalbibliografie; detaillierte bibliografische Daten sind im Internet über http://dnb.d-nb.de abrufbar.

ISBN: 9783389055465
Dieses Buch ist auch als E-Book erhältlich.

© GRIN Publishing GmbH
Trappentreustraße 1
80339 München

Druck und Bindung: Books on Demand GmbH, Norderstedt Germany
Gedruckt auf säurefreiem Papier aus verantwortungsvollen Quellen

Das Buch bei GRIN: https://www.grin.com/document/1495724

Assignment-Testat

Thema:

Gender- und Diversity-Kompetenz als Schlüsselqualifikation

Modul: Potenzialentwicklung und Coaching

Hamburg, 22.12.2022

Inhaltsverzeichnis

1. Einleitung

„A diverse mix of voices leads to better discussions, decisions, and outcome for everyone"
(Pichai, zitiert nach Riel, 2017, Internetquelle).

Im Gegensatz zur historisch gewachsenen, privilegierten und dominanten Gruppe von männlichen, weißen, heterosexuellen und gesunden Personen, beschreibt der CEO von Google Sundar Pichai[1] in seiner Aussage, dass doch gerade die Vielfalt in und mit Menschen zu besseren Entscheidungen und Ergebnissen für alle führt. Diese Erkenntnis ist bereits in vielen Bereichen der Arbeitswelt gereift, weswegen durchweg Unternehmen eine zunehmende Heterogenität ihrer Mitarbeitenden mit Blick auf Geschlecht, Herkunft, Alter und Bildung aufweisen (vgl. Boerner et al., 2012, S. 38). Doch gerade mit Blick auf die Fachbegriffe wie *Gender, Diversity, Gender Diversity*, aber auch *Diversity Management* herrscht nach wie vor oft Unklarheit über deren Bedeutung und Unterschiede. Diese konnten trotz verschiedener Bestrebungen, wie der Einführung des Zertifikats *Total E-Quality* aus dem Jahr 2001 oder der Verabschiedung des *Allgemeinen Gleichbehandlungsgesetzes* (AGG) aus dem Jahr 2006, nicht entgegengewirkt werden (vgl. Herpers, 2013, S. 27). An diesem Punkt knüpft die vorliegende Arbeit an, welche das übergeordnete Ziel verfolgt, ausgehend von den theoretischen Grundlagen von Gender Diversity, konkrete Handlungsempfehlungen für Unternehmen in diesem Kompetenzbereich abzuleiten. Dazu wird im Feinziel dieser Arbeit zunächst eine Bestandsaufnahme der genannten Fachbegriffe durchgeführt, um diese im Anschluss im Kontext von Unternehmen zu setzen. Dabei wird auf die Bedeutung von Gender Diversity für Unternehmen eingegangen und welche Gender Diversity-Kompetenzen hieraus für Unternehmen resultieren. Um dieses umfangreiche Thema einzugrenzen und dem Umfang dieser Arbeit gerecht zu werden, wird der Fokus auf den Teilbereich der Personalentwicklung gelegt. Dabei wird herausgearbeitet, welche Förderungsmöglichkeiten, aber auch Herausforderungen sich ergeben, Gender Diversity-Kompetenzen in der Personalentwicklung zu etablieren. Dazu werden aus diesen Erkenntnissen konkrete Handlungsempfehlungen für Unternehmen abgeleitet.

---

[1] An dieser Stelle wurde sich ausschließlich auf Inhalt der Aussage von Sundar Pichai bezogen. Ausdrücklich sind die Vorwürfe und die Thematik rund um die ideologische Haltung des Unternehmens, welche sich aufgrund einer Veröffentlichung eines internen Google-Memo aus dem Jahr 2017 ergeben haben, nicht Bestandteil der Aussage (vgl. Tim, 2017, Internetquelle).

Damit gliedert sich die Arbeit in vier Kapitel. Nach der Einleitung und Zielsetzung im ersten Kapitel, werden im zweiten Kapitel die Fachbegriffe definiert und abgegrenzt, um ein einheitliches Verständnis der Termini zu generieren und im weiteren Verlauf auf die grundsätzliche Bedeutung und Kompetenz von Gender Diversity im Kontext von Unternehmen einzugehen. Im dritten Kapitel findet die Betrachtung von Gender Diversity-Kompetenzen im eingrenzten Teilbereich der Personalentwicklung statt. Es wird untersucht mit welchen Maßnahmen die Heterogenität und Vielfalt gezielt gefördert werden kann und mit welchen Herausforderungen sich ein Unternehmen konfrontiert sehen, um daraus Handlungsmaßnahmen abzuleiten. Schließen wird diese Arbeit im vierten Kapitel mit einem Fazit und einem Ausblick.

2. Theoretische Grundlagen

In dem folgenden Kapitel werden die notwendigen theoretischen Kenntnisse für diese Arbeit vorgestellt und definiert, um auf der einen Seite nach einer generellen Bestandsaufnahme der verschiedenen Fachbegriffe, ein einheitliches Verständnis für diese Arbeit festzulegen. Darauf aufbauend wird die Bedeutung und die Gender Diversity-Kompetenz für Unternehmen im betriebswirtschaftlichen Kontext thematisiert.

2.1. Gender und Diversity

Die Begriffe *Diversity*, *Gender* und *Gender Diversity* werden im 21. Jahrhundert in sehr unterschiedlichen Themenfeldern und Zusammenhängen genutzt und eingebracht, weswegen diese Termini auch im deutschen Sprachgebrauch häufig genutzt, aber nicht immer eindeutig verstanden werden (vgl. Mauerer, 2010, S. 98). Im Folgenden werden verschiedene Definitionen und Abgrenzungen der Begriffe vorgestellt und dabei festgelegt, welchem Verständnis diese Arbeit im weiteren Verlauf folgt.

Der Begriff der *Diversity* ist Diskurs unterschiedlicher Wissenschaftsdisziplinen, sodass dieser Terminus auch in der Psychologie, wie auch in dem Management Gegenstand von aktuellen Forschungen ist (vgl. Merklein, 2017, S.13). Im betriebswirtschaftlichen Verständnis wird *Diversity* als die Vielfalt und Heterogenität der Beschäftigten verstanden, welche sich durch verschiedene Merkmale und Prägungen, wie Lebensstile, Gruppen, Identitätsbezüge, Alter, Herkunft und Sexualität unterscheiden (vgl. Hermann/ Erten, 2018, S. 161). Zudem wird unter *Diversity* nicht nur der Ist-Zustand gesehen, sondern auch die Toleranz der Menschen, diese Vielfalt anzuerkennen (vgl. Herpers, 2013, S. 36). In der gegenwärtigen Zeit sticht oft ein Merkmal der *Diversity* heraus: Das Geschlecht, welches durch den stetig zunehmenden Anteil an Frauenerwerbstätigkeit und der guten Qualifizierung von Arbeitnehmerinnen, mehr zum öffentlichen Diskurs geworden ist. Im Allgemeinen spricht man dabei von *Gender Diversity* (vgl. Reinwald et al., 2015, S. 263). Während im Englischen das Wort *Sex* das biologische Geschlecht meint, bezieht sich das ebenfalls aus dem Englisch kommenden Wort *Gender* auf das soziale Geschlecht. Gemeint sind damit alle gesellschaftlichen Geschlechtervorstellungen, wie viele Geschlechter überhaupt existieren, wie diese definiert und welche Eigenschaften diesen zuerkannt werden (vgl. Lesben- und Schwulenverband, 2022). Dennoch existieren auch konträre Meinungen, die eine Trennung zwischen dem biologischen und sozialen Geschlecht ablehnen, da der Begriff *Gender* eine Mischung von sozialen, biologischen und kulturellen Komponenten darstellt. Die biologische Trennung nach dem Geschlecht ist demnach nur eine Auffassung und nicht die primär bestimmende Grundlage, sondern nur ein Element von Gender (vgl. Beckert, 2020, S. 7).

Damit Unternehmen diesen Entwicklungen und strukturellen Anpassungen gerecht werden, setzen bereits seit den 1990er-Jahren multikulturelle Organisationen *Diversity Management* ein, um hieraus nicht nur Wettbewerbsvorteile zu erzielen, sondern auch einem moralischen Verständnis gerecht zu werden (vgl. Hermann/ Erten, 2018, S. 160). Im weitesten Sinne wird dem *Diversity Management* die Aufgabe zugeschrieben, unterschiedliche Dominanzverhältnisse zwischen einer dominanten und der marginalisierten Gruppe zu fokussieren und auszugleichen (vgl. Krell et al., 2018, S. 7).

2.2 Gender und Diversity – Bedeutung und Kompetenz für Unternehmen

Nachdem im vorangegangenen Kapitel grundsätzliche Definitionen und Abgrenzung der den Fachbegriffen *Gender* und *Diversity* sowie den oft in diesem Kontext genannten Termini *Gender Diversity* und *Diversity Management* erläutert wurden, wird in diesem Unterkapitel der Fokus vom Allgemeinen auf das Besondere, in diesem Fall auf die Bedeutung und Kompetenz von *Gender Diversity* für betriebswirtschaftliche Unternehmen gerichtet. Gerade ein Blick auf eine Umfrage aus dem Jahr 2021 zum

Nachholbedarf deutscher Unternehmen beim Thema *Diversity* macht deutlich, wie vielschichtig und nicht eindeutig die Ergebnisse ausfallen. Mit 50,6 Prozent steht die Förderung älterer Arbeitnehmenden an erster Stelle, knapp gefolgt von der Chancengleichheit bei Beförderungen (50,5 Prozent) und der Integration und Inklusion von Menschen mit Behinderungen (49,1 Prozent). Auf dem vierten Platz landet das Thema Frauen in Führungspositionen (46,2 Prozent) (vgl. Statista 2022, Umfrage von 24.01.2022). Dabei wird nicht nur deutlich, welche Facetten unter Diversity verstanden werden, ebenfalls macht diese Umfragen deutlich, wie umfangreich Unternehmen agieren müssen, um Diversity gerecht zu werden. Folgender Ansatz beschreibt dabei treffend, wie Unternehmen Diversity sehen und verstehen müssen: Als die Akzeptanz des Managements von Menschen, diese in *„ihren jeweiligen Interessen und Fähigkeiten gewinnbringend für das Unternehmen"* (Herpers, 2013, S. 36) einzubringen. Die *Gender und Diversity-Kompetenz* beschreibt damit die Fähigkeit, *„Geschlechteraspekte und die Potenziale, die in der Vielfalt von Menschen begründet sind, zu erkennen und im eigenen Wirkungsbereich mit den Zielen der Chancengleichheit und Integration zu bearbeiten"* (Keitel-Kreidt, 2014, S. 4).

Wer langfristig einen nachhaltigen Erfolg mit dem Unternehmen erzielen will, muss die Relevanz von Gender Diversity nicht nur verstanden haben, sondern im Rahmen gezielter Strategien und Ideen in seinem Unternehmen umsetzen. Denn der unternehmerische Erfolg ist eng an das soziale Pflichtbewusstsein der Organisation geknüpft, sich positiv der Vielfalt und weiteren Dimensionen zu öffnen. Dabei werden auf lange Sicht diejenigen Unternehmen profitabel behaupten, welche sich gegen die geringe Akzeptanz von Gender Diversity innerhalb der eigenen Organisation erfolgreich durchsetzen (vgl. Herpers, 2013, S. 26f.) Die Bedeutung von Gender und Diversity ist nicht nur aus unternehmerischer Sicht mit Blick auf einen langfristigen Erfolg relevant oder dem Aspekt, sich der Verantwortung aus ethnisch-moralischer Gründe zu stellen, sondern auch aus weiteren unterschiedlichen Faktoren, wie der Kundenorientierung[2] oder dem Wandel der Arbeits- und Führungskultur[3] (vgl. Herpers, 2013, S. 28f.).

---

[2] Durch eine 50/50-prozentige weibliche und männliche Käuferschicht, ist auch eine gleichberechtige Aufteilung im Vertrieb von Vorteil, um alle Käuferinteressen zu berücksichtigen (vgl. ebd.).
[3] Bei einem partizipativen Führungsstil bringen Frauen gezielt soziale und kommunikative Fähigkeiten ein (vgl. ebd.).

Bei den positiven Effekten, die Gender Diversity und einem konkreten Diversity Management zugeschrieben werden, zeichnen empirische Studien ein kontroverseres Bild, bei welchem nicht per se gelebte Gender Diversity positive Wirkungen erzielen. Primär spielt es eine Rolle, in welcher Branche das Unternehmen tätig ist (Dienstleistungssektor erzielt tendenziell positivere Ergebnisse als der Technologie- und Produktionsbereich) und wie intensiv bereits das Verhältnis der Geschlechter im Vorfeld ausgeglichen war (vgl. Boerner et al., 2012, S. 62).

3. Gender- und Diversity-Kompetenz im Rahmen der Personalentwicklung

Nachdem die theoretischen Kenntnisse von Gender Diversity und insbesondere die Bedeutung und Kompetenzen auf unternehmerischer Ebene thematisiert wurden, folgt in diesem Kapitel die Auseinandersetzung innerhalb des Teilbereichs der Personalentwicklung. Dabei wird im ersten Unterkapitel auf verschiedene Förderungsmöglichkeiten und Hemmnisse eingegangen, die Unternehmen veranlassen oder lösen müssen.

3.1 Förderung und Herausforderung in Unternehmen von Gender Diversity

Es ist deutlich geworden, dass die generelle Förderung von Gender Diversity nicht explizit nur auf eine reine Gleichstellung von Mann und Frau im Unternehmen abzielt, sondern durch ein Diversity Management im Allgemeinen sich die Bindung und die Motivation aller Beschäftigten erhöhen lässt. Dies kann durch verschiedene Maßnahmen wie einer besseren Chancengleichheit, Abbau von Diskriminierungen und einem mitarbeitenden orientierten Personalmanagement erreicht werden (vgl. Gruhlich und Riegraf, 2016, S. 298). Im weiteren Verlauf wird ein detaillierter Blick auf den zuletzt genannten Punkt geworfen, mit welchen weiteren Maßnahmen Gender Diversity im Teilbereich der Personalentwicklung gestärkt werden kann. Unter der Personalentwicklung werden dabei alle Maßnahmen des Unternehmens verstanden, die mittel- und langfristig dazu dienen, *„die strategischen und operativen Anforderungen [..] und die Fähigkeiten, Fertigkeiten, Motivationen und tatsächlichen Verhaltensweisen der Mitarbeiterinnen und Mitarbeiter in möglichst große Übereinstimmung zu bringen"*

(Wickel-Kirsch, 2008, S. 81). Christa Stienen hat dazu in einem Aufsatz einen 10 Punkte-Plan entwickelt, der Unternehmen dabei helfen soll, Gender Diversity zu verwirklichen (vgl. Stienen, 2014, S. 248f.). Ausgehend von diesem Punkte-Plan können gezielt Elemente auch die Gender Diversity-Kompetenz im Rahmen der Personalentwicklung fördern, welche im Folgenden thematisiert werden:

Damit eine Verwirklichung erreicht werden kann, ist es von elementarer Bedeutung, nicht nur allgemein in Unternehmen, sondern im Speziellen das Human Resources (HR) Personal zu schulen, indem eine Bewusstseinsschärfung stattfindet. Gerade die beteiligte Belegschaft der Personalentwicklung muss sich dem Verständnis und den erforderlichen Qualifikationen bewusst sein und vertiefen, damit die Gender Diversity-Kompetenz unterstützt und umgesetzt werden kann. Dies zählt insbesondere für die Führungskräfte der jeweiligen HR-Abteilungen (vgl. Hansen, 2014, S. 44). Denn gerade in dem Bereich Diversity / Gender Diversity wurde bereits aufgezeigt, dass neben der Chancengleichheit zwischen Frau und Mann, eben ganz unterschiedliche Ausprägungen verstanden werden, wie das Alter, Herkunft oder Lebensstile (vgl. Kap. 2.1). Aus diesem Grund ist die Sensibilisierung, gerade beim HR-Personal der Personalentwicklung zudem von großer Bedeutung. In diesem Zusammenhang ist die Kenntnis von *Unconscious bias* relevant, welche die Tatsache beschreibt, dass Menschen unbewusste Vorteile in Form von sozialen Stereotypen über bestimmten Gruppen von Menschen innehaben, die außerhalb des eigenen Bewusstseins Individuen bilden. Dabei stammen diese Vorteile durch eigene Wahrnehmungen, der sozialen Umgebung und Kategorisierung von Identitätsgruppen, die jedes Individuum pflegt (vgl. Navarro, 2022, Internetquelle). Ein konkreter Ansatzpunkt, um das HR-Personal weiter zu sensibilisieren, wie der jeweilige Ist-Zustand der Mitarbeitenden auf dem Gebiet *Gender Diversity / Unconscious bias* ausgeprägt ist, bietet hier die Harvard University. Diese stellt kostenlos Assoziationstests[4] mit verschiedenen Themen online bereit, die jeder selbständig durchführen kann. Damit kann mit einfachen Mitteln auf individueller Ebene die Gender Diversity-Kompetenz durch Sensibilisierung weiter gefördert werden. Gender Diversity darf dabei aber nicht nur als Aufgabe der HR-

---

[4] Online abrufbar ist der implizite Assoziationstest unter folgendem URL: https://implicit.harvard.edu/implicit/takeatest.html. Eine deutschsprachige Version ist unter folgendem URL abrufbar, befinden sich aber aktuell in der Überarbeitung: https://implicit.harvard.edu/implicit/germany/.

Abteilung bzw. der Personalentwicklung verstanden werden. Vielmehr muss Gender Diversity und damit die Gender Diversity-Kompetenz zum Selbstverständnis der Unternehmenskultur werden und sich dort widerspiegeln. Gerade deshalb ist ebenfalls der Rückhalt des Top Managements des jeweiligen Unternehmens bedeutsam, damit die Verknüpfung der Unternehmensstrategie einhergeht mit der Personalstrategie. Denn auch in den Führungspositionen muss sich Gender Diversity wiederfinden und beispielhaft vorangehen. Während im Jahr 2013 der Frauenanteil in Führungspositionen in börsenkotierten Unternehmen bei weniger als 14 Prozent lag, ist der Wert 2021 im europäischen Raum auf durchschnittlich 35 Prozent gestiegen (vgl. Huber, 2018, S. 86/ Statisches Bundesamt 2021). Dieses Beispiel zeigt zwar eine Steigerung des Frauenanteils, macht aber auch deutlich, dass die Probleme nach wie vor deutlich auch in Führungspositionen existieren. Eine weitere Herausforderung liegt in dem Faktor begründet, dass eine Unternehmens- bzw. Organisationskultur weder schnell noch kurzfristig zu ändern ist. Bevor die Grundüberzeugungen der Belegschaft geändert und angepasst werde kann, muss zunächst das Bewusstsein dafür geschärft werden. Daher kann dieser Veränderungsprozess auch nicht rein formal durch eine Top-Down-Strategie bewältigt werden, sondern es müssen Bottom-Up-Ansätze gewählt werden (vgl. Krell et al., 2018, S. 82).

3.2 Handlungsempfehlungen

Aus den Erkenntnissen der verschiedenen Förderungsmöglichkeiten von Gender Diversity-Kompetenzen in der Personalentwicklung sowie auftretender Hemmnisse, die bei der Implementierung auftreten können, werden hieraus konkrete Handlungsempfehlungen abgeleitet. Die Ausgangslage bildet eine Unternehmensanalyse, in welcher das Unternehmen ermitteln muss, in welchem Maße Gender Diversity bzw. die Gender Diversity-Kompetenz bereits innerhalb der eigenen Organisation integriert ist. Aus diesem ermittelten Ist-Zustand können folgende Handlungsempfehlungen eine Verbesserung bewirken, gerade mit Blick auf den Teilbereich der Personalentwicklung:

- Nach der Bestandsaufnahme muss ein Soll-Zustand mit Kennzahlen definiert werden, um im späteren Verlauf eine Kontrolle zwischen dem Ist-Zustand und dem angestrebten Soll-Zustand herbeizuführen. Möglichkeiten bieten dazu Umfragen und Interviews mit Mitarbeitenden einzusetzen oder einheitlich den Harvard Assoziationstest als Selbsttest durchzuführen zu lassen.
- Damit die positive Entwicklung auch in der Langfristigkeit gegeben ist, muss das Top Management in diesem Veränderungsprozess mit involviert sein und die Facette von Gender Diversity und der Implementierung einer besseren Gender Diversity-Kompetenz gerade in der Personalentwicklung mittragen.
- Das Verständnis, Wissen[5] und die Fähigkeiten des Personals im Bereich Personalentwicklung müssen durch interne bzw. externe Weiterbildungen weiter gefördert werden, damit gerade an dieser Schnittstelle das Gender Diversity-Konzept fachlich richtig und verständnisvoll an die Mitarbeitenden weitergeben werden kann.

Mit diesem Mindset und der Stärkung der Personalentwicklung durch eine organisationseinheitliche Gender Diversity-Strategie, können konkrete Handlungsempfehlungen zur Einführung bzw. Umsetzung in der Personalentwicklung aufgestellt werden:

- Frauenorientierte Bildungsmöglichkeiten und Karriereorientierungsprogramme
- Sabbatical-Programme mit anteiliger Fortzahlung des Gehalts
- Individuelle und flexiblere Arbeitszeitmodelle
- Eltern-Kind-Büro
- Verschiedene Teilzeitmodelle mit mobilen Arbeiten
- Genderneutraler Sprachgebrauch in Stellenausschreibungen
- Verankerung von Werten der Diversität und Offenheit in Grundsätzen und Vision
- Stärkerer Fokus auf die Work-Life-Balance

Diese Auflistung ist nicht abschließend, sondern stellt verschiedene Ansätze für konkrete Maßnahmen und Empfehlungen da. Gerade im Bereich der

---

[5] Beispielhaft sei hier die Sprache bei Stellenausschreibungen genannt, bei welcher durch unbewusste Adjektive häufig gezielter Männer mit angesprochen werden als Frauen. Rund 20 Prozent der Stellenausschreibungen bergen im Jahr 2021 noch ein Risiko der Geschlechterdiskriminierung (vgl. Burel, 2021, Internetquelle).

Personalentwicklung, wird dadurch nicht nur Gender Diversity insgesamt gefördert, sondern es wird generell die Akzeptanz und die Sensibilisierung für Gender Diversity-Kompetenz kontinuierlich gesteigert.

4. Fazit und Ausblick

Ausgangslage dieser Arbeit war die zunehmend in den Fokus vieler Unternehmen gerückte Gender Diversity und die Fähigkeit, den umfangreichen Facetten dieses Begriffes gerecht zu werden. Gemeint ist damit im Kern die Tatsache, dass Menschen divers sind und sich in unzähligen verschiedenen Elementen wie Alter, Herkunft und Lebensstile voneinander entscheiden. Spiegelt sich diese Heterogenität auch in der Belegschaft von Unternehmen und Organisationen wider, steigert dies den Austausch, die Kreativität und führt letztendlich zu besseren Ergebnissen und Resultaten, so der aktuelle Google-CEO Pichai. Ziel der Arbeit war es dabei, ausgehend von den theoretischen Grundlagen von Gender Diversity und der Gender Diversity-Kompetenz, im Bereich der Personalentwicklung von Unternehmen verschiedene Förderungsmöglichkeiten und Herausforderungen aufzuzeigen, um im weiteren Verlauf aus diesen Erkenntnissen konkrete Handlungsempfehlungen für Unternehmen abzuleiten.

Diversity wird dabei als die Heterogenität und die Vielfalt von Beschäftigten verstanden, während mit Gender das Merkmal des sozialen Geschlechtes aller gesellschaftlichen Vorstellungen bezeichnet wird. Gender Diversity verbindet beide Termini und konzentriert sich dabei auf die aktive Förderung aller Geschlechter, dessen Thematik zunehmend zum öffentlichen Diskurs geworden ist (vgl. Kap. 2.1). Die Fähigkeit der Unternehmen, diese Potenziale und Aspekte zu erkennen und den Wirkungsradius der eigenen Mitarbeitenden weiter zu fördern und zu integrieren unter Berücksichtigung der Chancengleichheit, beschreibt die Gender Diversity-Kompetenz der Unternehmen. Dies ist nicht nur auf ethnisch-moralische Gründe zurückzuführen, sondern eine hohe Kompetenz hat positive Rückwirkungen auf verschiedene Bereiche wie der Kundenorientierung und der Arbeits- und Führungskultur (vgl. Kap 2.2). Aus dieser Bestandsaufnahme und grundlegen Ansätzen, konnten im Hauptkapitel verschiedene Maßnahmen erläutert werden, die die Gender Diversity-Kompetenz Bereich der Personalentwicklung fördern und wie diese effektiv umzusetzen sind. Von

Weiterbildungen und Bewusstseinsschärfung des HR-Personals bis hin zur Anpassung und Verknüpfung der Unternehmens- mit der Personalstrategie konnte nicht nur förderliche Elemente definiert werden, sondern es wurde auch auf mögliche Hemmnisse hingewiesen. Diese umfassen auf der einen Seite die langjährige Komplexität in der Anpassung der Unternehmenskultur sowie dem Faktor, dass das noch überwiegend männlich dominierte Top Management des jeweiligen Unternehmens sensibilisiert werden muss, damit ein Gender Diversity-Konzept ganzheitlich auf das Unternehmen im Sinne einer Top-Down, aber eben auch eines Bottom-Up-Ansatzes gewährleistet werden kann (vgl. Kap. 3.1). Im finalen Schritt konnten hieraus konkrete Handlungsempfehlungen definiert werden, die bei der Implementierung von Gender Diversity-Kompetenzen zu beachten sind. Darüber hinaus wurde im Speziellen ein nicht abschließender Maßnahmenkatalog vorgestellt, der im Bereich der Personalentwicklung Möglichkeiten aufzeigt, Verbesserungen im Bereich der Gender Diversity aufzubauen.

Um dem Umfang dieser Arbeit gerecht zu werden, wurden sich auf grundsätzliche Annahmen konzentriert und verallgemeinerte Aussagen zu den Förderungsmöglichkeiten gelistet. Vor dem Hintergrund des aktuellen Gender Diversity-Diskurs konnte diese Arbeit nicht vollumfängliche auf weitere Details oder auf noch spezifische Herausforderungen eingehen. An dieser Stelle empfiehlt sich ein weiteres Vorgehen anhand eines konkreten Realbeispiels, an dessen Ausgangssituation ein Unternehmen von der Ist-Situation über den Soll-Zustand begleitet wird, um weitere empirisch fundierte Aussagen zur Umsetzung und Förderung von Gender Diversity-Kompetenzen zu treffen. Denn gerade bei dieser gesellschaftlichen Entwicklung, dass nicht die Geburt primär das Geschlecht festlegt, verliert die traditionelle Auffassung mehr und mehr an Bedeutung, dass bestimmte Ansprüche und Privilegien an ein Geschlecht geknüpft sind. Daher werden diese Unternehmen langfristig Erfolg aufweisen, welche den Wandel der Gesellschaft frühzeitig erkannt haben, dass zukünftig *„eine Meritokratie, in der die individuelle Leistung darüber entscheidet, in welcher Position sich der Einzelne befindet – und nicht sein Körper oder seine sexuellen Vorlieben"* (Kelber, 2022, Internetquelle).

5. Literaturverzeichnis

Beckert, Franziska (2020): Gender Diversity in der Tech-Branche: Warum Frauen* nach wie vor unterrepräsentiert sind, in: Dombrowski, Eva-Maria/ Ducki, Antje (Hrsg.): Schriftreihe des Gender- und Technik-Zentrum, Band 11, Deutschland, Budrich Academic Press.

Boerner, Sabine/ Keding, Hannah/ Hüttermann, Hendrik (2012): Gender Diversity und Organisationserfolg – Eine kritische Bestandsaufnahme, in: Schmalenbachs Zeitschrift für betriebswirtschaftliche Forschung, 64, S. 37-70.

Burel, Simone (2021): Sprache in Stellenanzeigen. Die Diskriminierung steckt oft im Detail, Der Spiegel, https://www.spiegel.de/start/stellenanzeigen-werden-oft-fuer-maenner-formuliert-wie-frauen-trotzdem-den-job-bekommen-a-2ff0215c-009c-48b1-b045-a462ca808cd7 (Zugriff am 22.12.2022).

Gruhlich, Julia/ Riegraf, Birgit (2016): Gender und Diversity aus soziologischer Perspektive: Theoretische Überlegungen zur Kategorie Geschlecht und Konsequenzen für Gleichstellungspolitiken, in: Genkova, Petia/ Ringeisen, Tobias (Hrsg.): Handbuch Diversity Kompetenz, Band 2: Gegenstandsbereiche, Wiesbaden, Spinger-Verlag.

Hansen, Katrin (2014): CSR und Diversity, in: Hansen, Katrin (Hrsg.): CSR und Diversity Management. Erfolgreiche Vielfalt in Organisationen, Heidelberg, Springer-Verlag, S. 1-52.

Hermann, Anett/ Erten, Christiane (2018): Diversity Management in der Teamarbeit in multikulturellen Organisationen, in: Covarrubias Venegas, Barbara/ Thill, Katharina/ Domnanovich, Julia (Hrsg.): Personalmanagement. Internationale Perspektiven und Implikationen für die Praxis, Wiesbaden, Springer-Verlag, S. 157-178.

Herpers, Martine (2013): Erfolgsfaktor Gender Diversity. Ein Praxisleitfaden für Unternehmen, 1. Auflage, Freiburg, Haufe.

Huber, Valentine (2018): Lohnt sich Gender-Diversity?, in: Keuschnigg, Christian (Hrsg.): Inklusives Wachstum und wirtschaftliche Sicherheit. Erkenntnisse ökonomischer Spitzenforschung prägnant zusammengefasst, Wiesbaden, Springer-Gabler.

Kelber, Cornelia (2022): Gender Shift: Zukunft der Geschlechter, zukunftsInstitut, https://www.zukunftsinstitut.de/artikel/gender-shift-zukunft-der-geschlechterrollen/ (Zugriff am 21.12.2022).

Keitel-Kreidt, Christine (2014): Gender & Diversity-Kompetenz, in: Freie Universität Berlin (Hrsg.): Weiterbildender Masterstudiengang Gender & Diversity Kompetenz, ePaper, http://www.idm-diversity.org/files/FUMaster%20Diversity_broschuere2010.pdf (Zugriff am 14.12.2022).

Krell, Gertraude/ Ortlieb, Renate/ Sieben, Barbara (2018): Gender und Diversity in Organisationen. Grundlegendes zur Chancengleichheit durch Personalpolitik, Wiesbaden, Springer-Verlag.

Lesben- und Schwulenverband (2022): Was bedeutet LSBTI? Glossar der sexuellen und geschlechtlichen Vielfalt, https://www.lsvd.de/de/ct/3385-Was-bedeutet-LSBTI-Glossar-der-sexuellen-und-geschlechtlichen-Vielfalt?gclid=Cj0KCQiA4uCcBhDdARIsAH5jyUnxjJ_LWT6R359zOczRGh7OsTrINF7VGMqg M9w1amviMXimU9hX8LIaAljqEALw_wcB#gender (Zugriff am 13.12.2022).

Maurer, Elisabeth (2010): Fragile Freundschaften. Networking und Gender in der wissenschaftlichen Nachwuchsförderung, Frankfurt am Main, Campus-Verlag.

Merklein, Alexander (2017): Diversity Management in Deutschland. Empirische Untersuchung von Maßnahmen für Geschlecht und sexuelle Identität, Wiesbaden, Springer-Verlag.

Navarro, J. Renee (2022): Transcript: Unconscious Bias Welcome Video, University of California San Francisco, Office of Diversity and Outreach, https://diversity.ucsf.edu/programs-resources/training/unconscious-bias-training/unconscious-bias-welcome-transcript (Zugriff am 20.12.2022).

Reinwald, Max/ Hüttermann, Hendrik/ Kröll, Julia/ Boerner, Julia (2015): Gender Diversity in Führungsteams und Unternehmensperformanz: Eine Metaanalyse, in: Schmalenbachs Zeitschrift für betriebswirtschaftliche Forschung, 67, S. 262-296.

Riel, Jennifer (2017): Tolerance is for cowards, https://qz.com/1111746/tolerance-is-for-cowards (Zugriff am 08.12.2022).

Statista Research Department (2022): Umfrage zum Nachholbedarf deutscher Unternehmen beim Thema Diversity, https://de.statista.com/statistik/daten/studie/1272107/umfrage/nachholbedarf-diversity-in-deutschen-unternehmen/ (Zugriff am 13.12.2022).

Statistisches Bundesamt (2021): Frauen in Führungspositionen weiterhin unterrepräsentiert, shorturl.at/duR08 (Zugriff am 20.12.2022).

Stiene, Christa (2014): Women Up! – Handlungsempfehlungen des Bundesverbandes der Personalmanager (BPM) zur erfolgreichen Implementation von Gender Diversity, in: Hansen, Katrin (Hrsg.): CSR und Diversity Management. Erfolgreiche Vielfalt in Organisationen, Heidelberg, Springer-Verlag, S. 243-253.

Tim (2017): Was wirklich im „sexistischen" Google-Manifest steht, https://www.ruhrbarone.de/das-google-manifest-im-volltext/145458/ (Zugriff am 09.12.2022).

Wickel-Kirsch, Silke/ Janusch, Matthias/ Knorr, Elke (2008): Personalwirtschaft. Grundlagen der Personalarbeit in Unternehmen, Wiesbaden, Gabler-Verlag.

BEI GRIN MACHT SICH IHR WISSEN BEZAHLT

- Wir veröffentlichen Ihre Hausarbeit,
  Bachelor- und Masterarbeit

- Ihr eigenes eBook und Buch -
  weltweit in allen wichtigen Shops

- Verdienen Sie an jedem Verkauf

Jetzt bei www.GRIN.com hochladen und kostenlos publizieren